थोड़ी सी नासमझी

राहुल महरचन्दानी

BookLeaf Publishing
India | USA | UK

Made with ❤ on the BookLeaf Publishing Platform
www.bookleafpub.in
www.bookleafpub.com

Dedication

To everyone who understood what I wanted to say even when it was not said in straight words.

Preface

Okay, so I never thought that there would be a day when someone would be reading a book written by me. It has always been a dream but I guess it' time to make it a reality now. First of all thanks to you the reader to trust me enough to pick this book. I am glad you chose to invest a few hours to try to understand what I wanted to say.

I just want to tell you that though this book is a compilation of my thoughts but I am a firm believer of a shared human experience, our lives may be different but the stories we all live remain closely connected one way or the other. So this may not entirely be my story but your story too...

Acknowledgements

I have a lot of people to thank cause poetic journeys are generally not easy, but thankfully, the almighty has always blessed me with people who have understood me. Be it my parents, my teachers or my friends. All those moments where they appreciated a post of mine, shared something I wrote or appreciated something I shared. There have been instance where my parents appreciated me for my work, moments when my teachers sat with me just to have short sessions talking to me about poetry, instances where I would share my work with my friends and ask for feedback and all these instance ultimately contribute to this book coming together.

1. पहला बेवकूफ

कोई रहा होगा
पहला बेवकूफ
सोचा होगा कुछ शब्दों को साथ रख
अपने जज़्बात बयान करता हूँ
पर इन समझदारों की तरह नहीं ...
करता हूँ कोशिश
की मेरे शब्दों का मतलब
मेरे शब्दों से गहरा हो
की मेरे शब्दों में लोगों को
मेरे शब्दों के अलावा कुछ दिखे
लिखी होगी कोई कविता
कोई कहानी या कोई गीत
सुनाया होगा इस ज़माने को
और सुना होगा इस ज़माने से
ए बेवकूफ ये क्या करते हो ...
अपने मन की बेवक़ूफ़ी हमारे मन में भरते हो ...
शायद निराश हुआ होगा
या उदास हुआ होगा
हो सकता है रोया भी हो
पर ज़रूर रहा होगा उस सुन ने वाले ज़माने में
एक दूसरा बेवकूफ
जिसने सराहा होगा
उस पहले बेवकूफ की बेवक़ूफ़ी को
जिसने समझा होगा अपनी बेवक़ूफ़ी को

फिर एकजुट हुए होंगे ऐसे सारे बेवकूफ
ताकि ज़माने को उनकी बेवक़ूफ़ी
अपनी बेवक़ूफ़ी के ज़रिए समझा सकें ...

2. एक शख़्स

आज अपने शहर में एक शख़्स दिखा
जानता नहीं हूँ उसको
कभी बात भी नहीं हुई
पर अनजान कहना ग़लत मानता हूँ,
उसे देखा है मैंने अक्सर
काफ़ी समय से देखता आ रहा हूँ
बचपन में भी देखा करता था
हर रोज़ सुबह दिखता था
चल के अपने घर से निकलता होगा
कहीं पहुँचने के लिए
पर मुझे हमेशा सफ़र में ही दिखता था
ना मैंने उसे कभी उसे उसकी मंजिल पे देखा
ना उसने मुझे
ना मैं उसे पहचानता हूँ
ना वो मुझे
पर ना जाने क्यों
उस परिचित अनजान चेहरे में
कुछ अपना सा लगा
लगा की वक्त बदला हो सकता है
मैं बदला हो सकता हूँ
काफ़ी कुछ बदला हो सकता है
पर शायद सब कुछ बदलने में अभी देर है ...

3. कुछ ख़याल

मेरी ज़िंदगी के सारे मलाल एक तरफ़
मेरे वजूद के सारे सवाल एक तरफ़
एक तरफ़ छोड़ दूँ इस दुनिया के सभी रीति रिवाज़ों को
पर इन सब से परे मेरे सारे ख़याल एक तरफ़ ...

4. उबासी

ना जाने क्यों आज हल्की सी उदासी है
शायद खुशियों की नींद से पहले आखरी उबासी है
कुछ बदलेगा या नहीं ये जानता नहीं हूँ
पर जंग हमेशा चलेगी यह मानता नहीं हूँ
या तो जीत कर उस पार आऊंगा
या हार के उस पार की उम्मीद सजाऊँगा
कुछ बदलेगा या नहीं ये मैं जानता नहीं हूँ
पर मुझमें कुछ ना बदले ये मैं मानता नहीं हूँ ।

5. नीव

कहने को तो आज अच्छा है सभी
पर ज़िंदगी का मकान थोड़ा कच्चा है अभी
डर लगता है एक दिन एक तूफ़ान आएगा
जो बनाया इतने समय में सब उड़ा ले जाएगा
पर हम भी हल्के ढीठ हैं फिर उठ जाएँगे
अपनी नीव पे भरोसा है सब फिरसे बनाएँगे
आज नहीं तो कल मकान पक्का करवाएँगे
फिर देखते है कितने तूफ़ान कहाँ कहाँ से आयेंगे ...

6. इंसानियत

तुम हर शख्स की उसकी शख़्सियत छीन लोगे
तुम हर बात की उसकी ख़ासियत छीन लोगे
पर जब तक एक भी दिल धड़कता है एक दिल के लिए
तुम्हें लगता है तुम इंसान से उसकी इंसानियत छीन लोगे ?

7. काहे की ज़िंदगी

अगर मेरे अश्क़ ना दिख सकें तो काहे की ज़िंदगी
जज़्बात काग़ज़ पे ना लिख सकें तो काहे की ज़िंदगी
हर शायर सा ख़्वाब लिए जीता आया हूँ मैं भी
मुझ से बड़े मेरे लफ़्ज़ ना बन सकें तो काहे की ज़िंदगी

23. यह मेरी कहानी है

यह मेरी कहानी है
इसमें खुदको ना ढूँढ तू
यह मेरी कहानी है

शायद लगे तुझे तेरे जैसी है मेरी ज़िंदगी
तेरी क़ैद सी ही लगे शायद तुझे मेरी बंदगी
शायद तेरे मेरे हमारे सबके दुख बराबर हैं
जैसा मैं हूँ वैसा ही शायद तू भी पागल है
मेरी शायरी शायद तुझे भी रुलाती हो
जो मेरी मंजिल है वह शायद तुझे भी बुलाती है
पर मान मेरी बात मुझसा मत बनना
तेरी जंग अलग है तू अलग फतेह करना
तुझे ख़ुद सा अगर दिखूँ मैं तो अपनी हार में हिम्मत भरना
जिस दिन लगे हार गया , बस एक दिन कोशिश और करना

www.ingramcontent.com/pod-product-compliance
Lightning Source LLC
Chambersburg PA
CBHW070654240926
51846CB00003BA/913
* 9 7 8 9 3 7 6 4 2 7 8 0 2 *

8. शायर

हर गली में शायर छिपा है शायद
लिखता है मिटाता है और भुला देता है
शायद अपने ख़यालों को ज़रूरी नहीं मानता
या शायद अपने ख़यालों की ज़रूरत नहीं जानता
तभी तो बार बार वही
लिखता है मिटाता है और भुला देता है

कुछ को मुकम्मल जहाँ नहीं मिलता
कुछ को ज़मीन तो कुछ को आसमान नहीं मिलता
कुछ कोशिश से पहले हार जाते हैं
कुछ हैं जो लहरों से घबराते हैं
कुछ समुद्र में छलाँग ही नहीं लगाते हैं
बस रेत पे अपने जज़्बात लिख जाते हैं
फिर समुद्र आता है
उनका लिखा ख़ुद में समाता है
ले जाता है उनकी कला
उस मजधार में फँसे शायर तलक
उसको सुनाता है इनकी कहानी और कहता है
तैरना ना छोड़ना साथी यह मजधार दो पल की है
जो ज़िंदगी तू चाहता था वो तेरे लिए मुकम्मल की है
आ सके तो उस पार आके ले ले उसे
क्योंकि ऐसे तो हर गाली में एक शायर छिपा बैठा है ...

9. महफ़िल

अभी उम्र तमाम बाक़ी है
हाथ में थोड़ा सा जाम बाक़ी है
ना जाने फिर कब मिले ऐसी महफ़िल यारों की
मत याद दिलाओ कौनसा काम बाक़ी है ...

10. थोड़ा सा जी लो

ज़्यादा कुछ मत करो बस थोड़ा सा जी लो
कभी मीठी कभी कढ़वी है ज़िंदगी थोड़ी थोड़ी पि लो
सुबह वक्त पे उठो थोड़ा दौड़ लो थोड़ा कूद लो
इस हल्की सर्द सुबह में सूरज की किरणों के घूँट लो
सारी सब्ज़ियाँ खाओ
छुट्टी के दिन बाहर घूमने जाओ
कभी पुराने दोस्तों को बुलाओ
कभी नई दोस्त बनाओ
अपने मन में बाते लाओ
बातो से कविताएँ बनाओ
उनको कहीं लिख सजाओ
सजाके लोगों को सुनाओ
तुम्हें पता नहीं कितने अमीर हो तुम
ख़ुशी के कितने क़रीब हो तुम
कश्मकश में भूल गए हो शायद
ग़म में थोड़ा झूल गए हो शायद
वापस आ जाओ हम सब यहीं हैं
कहते सारे बस एक ही बात सभी हैं
ज़्यादा कुछ मत करो बस थोड़ा सा जी लो
कभी मीठी कभी कड़वी है ज़िंदगी थोड़ी थोड़ी पी लो ...

11. ज़ालिम

तुम्हे लगता है ज़िंदगी ज़ालिम है
शायद है पर तुम्हारी नहीं
अगर इसे पढ़ पा रहे हो तो तुम्हारी नहीं
अगर इसे समझ पा रहे हो तो तुम्हारी नहीं
अगर सर पर छत है तो तुम्हारी नहीं
छत पर पंखा है तो तुम्हारी नहीं
पंखे में बिजली है तो तुम्हारी नहीं
कुछ लोगों की है, पर तुम्हारी नहीं

माना तुम्हें दर्द दिए ज़िंदगी ने
शायद औरों से कई ज़्यादा
पर किसी और को ज़्यादा दिए हैं
तुम्हें ज़रूरत है आराम की
शायद औरों से कई ज़्यादा
पर शायद किसी और को काम चाहिए

मैं ये नहीं कहता तू परेशान नहीं है
मानता हूँ तेरी भी आसान नहीं है
पर थोड़ा ज़माना देख ले एक बार
ऐसी भी लाशें हैं जिनके लिए श्मशान नहीं है

12. मरहम

जब जवान हुआ तो बचपन समझ आया
थोड़ा और बड़ा हुआ तो ज़ख़्म समझ आया
जब दोबारा पीछे ना जा सका तो ग़म समझ आया
जितना समझने की कोशिश की उतना कम समझ आया
बहुत सोचा कि बीता कल सुधार सकूँ मैं
पर ज़िंदगी को क़ुबूल करना इस दर्द का मरहम समझ आया ।

13. लिख दूँ

लोग कहते हैं अक्सर मैं ग़म ही लिखता हूँ
सोचा इस दफ़ा थोड़ी ख़ुशी लिख दूँ
खुदगर्ज़ समझती होगी दुनिया शायद
तो थोड़ी सी मैं भी बेख़ुदी लिख दूँ
लिख दूँ वह राज़ जिनसे बनते हैं हम शायर
उस राज़ के ज़रिए अपनी कमी लिख दूँ
बता दूँ दुनिया को कहाँ से लाया ये कला
इस कला के ज़रिए कुछ लाज़मी लिख दूँ
आसमान की तारीफ़ तो करता हर शख़्स है
मैं चाहता हूँ थोड़ी सी ज़मीन लिख दूँ
लिख दूँ वो जो ज़माना नजरंदाज करे
थोड़ा थोड़ा कर के सच सभी लिख दूँ

14. घबराहट

घबराने लगा हूँ आजकल
की कहीं कोई समझ ना ले
कोई समझ ना ले इन ख़यालों को
इन शब्दों को इन कविताओं को,
कोई समझ ना ले
समझ ना ले इस प्यार को
इस नफ़रत को
इस शक्स को
क्योंकि कोई समझ गया अगर कभी
तो पूछेगा ज़रूर
पूछेगा ज़रूर इस कम्बख़्त से
की अपनी चाहतों से घबराहट कैसी ...

15. कंकाल

ज़िंदगी से कुछ सवाल थे
कुछ छोटे छोटे मलाल थे,
हर दिन का एक कमाल था
हर शाम का बवाल था,
मैं नादान सर को नोचता
हर रोज़ सोचता
एक दिन मुद्दा ख़त्म होगा
ना मलाल रह जाएगा
ना सवाल रह जाएगा
आज समझ में आया जिस दिन मुद्दा ख़त्म
उस दिन बस कंकाल रह जाएगा |

16. समुद्र

अगर तुम्हे वो गहरा लगता है
जो मैं कलम से लिख पाता हूँ
तो सोचो जो काग़ज़ पे उतार ना सका
वो किस समुद्र में दफ़्न किया होगा मैंने

17. नादान मन

हर बार कुछ अधूरा रह जाता है
नादान मन है पूरा शायद कह नहीं पाता है
ना जाने कितना सोच लेता है अकेला
मुझे नहीं लगता यह मुझे भी सब कुछ बताता है ...

18. समझ

अक्सर यहाँ कुछ समझने आ जाता हूँ
थोड़ा ख़ुद को समझाता हूँ
थोड़ा ख़ुद को समझ आता हूँ
समझ को समझने की कोशिश पूरी करता हूँ
फिर नासमझी में वापस घर लौट जाता हूँ ...

19. कसर

रात भले गहरी है तो सवेरा भी ग़ज़ब होगा
जो कुछ हारा है तूने एक दिन तेरा सब होगा
मेहनत में कसर मत छोड़ना बस ए बंदेया
तेरी कामयाबी का रास्ता दिखाता तेरा रब होगा ...

20. अर्जुन

हार का ना सोच तू तू ज़िंदगी मरोड़ दे
कर्म करता चल तू बाक़ी माधव पर छोड़ दे
हारता तू भागता तू कितनी दूर जाएगा
शिकस्त की कहानी को क्या ज़िंदगी बताएगा
उठा धनुष तान बाण लक्ष्य पर तू वार कर
सारथी की बात मान कर्म का विचार कर

जो आज कर्म से डरा तो कल तुझे सताएगा
जो माने ख़ुद को कायर तू तो कायर ही कहलाएगा
ना जीत तू ना हार तू तू कर्म का प्रमाण है
कर्म कर युद्ध कर तू अर्जुन समान है
तैरने से पहले जो तट्ट समझना चाहेगा
नासमझ वो कर्म को कभी समझ ना पाएगा
हाथ में ले धनुष बाण लक्ष्य का विचार कर
सारथी की मान तू प्रहार कर प्रहार कर
इरादे का कठोर हो तू मोह को तू त्याग दे
सूरज सा जलना सीख सर्द में भी आग दे
इस मन की ना अब मान तू ये मन बेईमान है
जो मन को मना सके वो योद्धा शक्तिवान है

यह मन तेरा भ्रमण करे ये पाँच दिशा जाएगा
इसकी मानता चला कमजोर ही रह जाएगा
मन को बांध मुट्ठी में तू मछली की तू आँख देख
तू है क्या मैं हूँ क्या हम सब के सब हैं राख देख

आज मन को बाँध तू गर कर्म करता जाएगा
कृष्ण होंगे तेरे सारथी तू अर्जुन कहलाएगा

21. ख़याल छोड़ जाता है

अक्सर आधी रात में
कुछ अटपटे हालात में
एक शायर जाग जाता है
थोड़ी सी मेरी सुनता है
काफ़ी अपनी सुनाता है
सोचता हूँ सुबह फुर्सत से लिखूँगा इसकी बातें
पर सुबह तक वह बस अपने ख़याल छोड़ जाता है ...

22. जरूरतों के सामान

इन परिंदों के आसमान अलग हैं शायद
सभी सपनों की उड़ान अलग है शायद
किसी को आसमान तो किसी को एक छत
हमारी जरूरतों के सामान अलग हैं शायद